Un Épisode de la Guerre navale

LA Défense de Papeete

(22 septembre 1914)

PAR

GEORGES LACOUR-GAYET

MEMBRE DE L'INSTITUT

PROFESSEUR A L'ÉCOLE SUPÉRIEURE DE MARINE

ÉDITION SPÉCIALE

DE

LA REVUE HEBDOMADAIRE

1915

Pour la Bibliothèque nationale.
G. Lacour-Gayet
8 mai 1915.

UN ÉPISODE DE LA GUERRE NAVALE

LA DÉFENSE DE PAPEETE

(22 SEPTEMBRE 1914)

Un Épisode de la Guerre navale

LA
Défense de Papeete

(22 septembre 1914)

PAR

GEORGES LACOUR-GAYET

MEMBRE DE L'INSTITUT

PROFESSEUR A L'ÉCOLE SUPÉRIEURE DE MARINE

ÉDITION SPÉCIALE

DE

LA REVUE HEBDOMADAIRE

1915

UN ÉPISODE DE LA GUERRE NAVALE

LA DÉFENSE DE PAPEETE

(22 SEPTEMBRE 1914)

Les journaux viennent d'annoncer que le lieutenant de vaisseau Destremau, breveté de l'École supérieure de Marine, qui avait en dernier lieu commandé la *Zélée* à Tahiti, était mort à l'hôpital maritime de Toulon le 7 mars 1915. J'avais eu le plaisir de connaître cet officier il y a peu d'années à l'École de la rue de l'Université; dans l'élite des lieutenants de vaisseau qui suit les cours de l'École supérieure, je l'avais remarqué pour son entrain, pour son énergie, pour sa foi dans les destinées maritimes du pays; je savais que ses chefs militaires le tenaient pour un excellent officier, pour un marin d'une rare valeur, professionnelle et morale. La mort dans un lit d'hôpital, à l'âge de trente-neuf ans, de ce soldat de mérite me fournit une occasion, pour triste qu'elle soit, de rapporter un fait de la guerre présente, qui est resté à peu près ignoré. Il est digne cependant d'être mis en lumière; car il est tout à l'honneur d'une poignée de braves gens, que commandait, avec le commandant Destremau, le gouverneur des Établissements français de l'Océanie, en résidence à Papeete, capitale de Tahiti.

***

C'est si loin! Dix-huit mille kilomètres de la France, *via* le Havre et San-Francisco; vingt-six mille kilomètres, *via* Marseille, Sydney, Auckland. Comme le dit l'auteur du *Mariage de Loti,* entre la France et Tahiti, il y a « l'épaisseur effroyable du monde ».

La Nouvelle-Cythère est surtout connue par le souvenir de Bougainville et de ses compagnons; quand ils y abordèrent en 1768 avec la *Boudeuse* et l'*Étoile*, la vue de ce paradis terrestre les plongea dans une sorte de ravissement. Beaucoup plus tard, sous le règne de Louis-Philippe, ce sont les histoires, qui paraissent bien lointaines aujourd'hui, de Pritchard, de la reine Pomaré et du commandant Dupetit-Thouars. Puis, tout près de nous, c'est le livre enchanteur où Loti a raconté comment il connut sa petite amie Rarahu.

Voilà peut-être tout ce que les honnêtes gens connaissent de Tahiti. Les professionnels ajoutent que cette île, la plus grande de l'archipel de la Société, est située par 17° dans l'hémisphère austral, qu'elle a une superficie de 105 000 hectares, qu'elle est constituée par de vastes soulèvements volcaniques, que ses côtes sont encerclées par des récifs de corail, que les vallées de l'intérieur sont d'une fraîcheur exquise, que la terre est d'une fertilité inouïe, mais qu'il y a à peine 10 000 habitants sur un sol qui pourrait en nourrir vingt fois autant. C'est qu'il faudrait travailler, se donner de la peine, manger sa nourriture à la sueur de son front; et il est si bon de se laisser vivre : le poisson et les fruits ne suffisent-ils pas à assurer l'existence? Avant l'établissement des Français dans l'île, la guerre était l'une des deux occupations des Tahitiens. Les Français sont venus, ils ont mis bon ordre à l'anarchie intestine; alors il est resté aux habitants l'autre occupation, l'amour, et les Tahitiens, la tête couronnée de fleurs, passent leurs plus belles années auprès des jeunes femmes de Papeete.

Les voyageurs les disent très belles, bien qu'un peu fortes et d'attaches un peu massives; leurs yeux, leurs dents, leurs cheveux, leur robustesse, leur taille en font les spécimens les plus parfaits de la race polynésienne. Mais la natalité là aussi est en décroissance, la race diminue; les vices et les maladies des Européens ont passé par là.

Papeete est le seul endroit de l'île habité qui mérite le nom de ville. Trois mille habitants y sont réunis, parmi lesquels cinq cents Français. La ville, dans sa petitesse, a beaucoup d'élégance et un grand cachet d'originalité. Si elle a pu naître à cet endroit, c'est qu'il y a un mouillage bon et profond. Aussi ce fut l'ancienne résidence des rois tahitiens et c'est aujourd'hui le chef-lieu des Établissements français de l'Océanie. Un gouverneur, un tribunal supérieur, un tribunal de première instance, un trésorier-payeur, des chefs pour les divers services, une compagnie d'infanterie de marine, 45 artilleurs, 50 gendarmes, et la *Zélée :* Papeete possède, on le voit, tout ce qui donne à une ville le caractère de capitale.

La *Zélée* était une canonnière qui, malgré ce nom un peu provocateur, avait eu, jusqu'au mois de septembre 1914, une existence assez paisible, c'est-à-dire à peu près sans histoire. Son état-major comprenait un lieutenant de vaisseau commandant, cinq enseignes, un médecin; l'équipage était de 98 hommes. Ajoutons 2 canons de 10, 8 canons de calibre inférieur, des machines de 900 chevaux, une vitesse de 13 nœuds, une jauge de 647 tonnes : telles étaient les principales caractéristiques de la petite unité navale qui portait dans l'archipel de la Société le pavillon de la France.

***

Le mardi 22 septembre 1914, Papeete recevait d'une manière fort désagréable la visite de deux grands croiseurs allemands. L'affaire aurait pu devenir tout à fait fâcheuse pour la jolie petite ville, si le gouverneur des Établissements français de l'Océanie n'avait pas eu la sagesse de prendre, depuis plusieurs semaines, les précautions utiles, et si tout le personnel militaire et administratif ne l'avait pas, au moment critique, secondé avec un entier dévouement.

Ce gouverneur est M. Fawtier, d'une famille où les traditions de l'administration coloniale sont en honneur depuis deux générations et qui s'était déjà signalé lui-même par l'habileté de son administration à la Guadeloupe. Si gouverner c'est prévoir, M. Fawtier vient de gouverner à merveille dans sa capitale de Papeete. Il avait eu connaissance, dans les premiers jours d'août, de l'ouverture des hostilités en Europe. L'éloignement de Tahiti, son isolement dans le Pacifique ne mettaient pas la colonie à l'abri d'une attaque. Les Allemands avaient alors plusieurs grands croiseurs dans cette partie du globe; pour des croiseurs naviguant dans l'immensité du Pacifique, qui avaient besoin de ces points d'appui sans lesquels la guerre de croisières est une utopie, il y avait à Papeete un trésor inestimable. La capitale de Tahiti possède, en effet, un grand parc à charbons, qui est toujours approvisionné de 4 à 5 000 tonnes disponibles. Depuis que les croisières japonaises et anglaises avaient interdit à la marine allemande les ports de l'Extrême-Orient, ce stock important de combustibles devait tenter des bâtiments de guerre qui avaient à se préoccuper avant tout de remplir leurs soutes.

M. Fawtier avait paré, depuis plusieurs semaines, à

Phot. Eugène Pirou.

LA DÉFENSE DE PAPEETE

M. William Fawtier, gouverneur de Tahiti, qui dirigea, le 22 septembre 1914, la résistance de Papeete, lors du bombardement de la ville par les croiseurs allemands.

Phot. Bopp.

LA DÉFENSE DE PAPEETE

.. Dans le fond de la rade, le cargo-boat allemand *Walkure*, capturé à Makalea, par la *Zélée*. — 2. La *Zélée* à quai, à côté de sa prise, le *Walkure*, avant le bombardement. — 3. Le *Walkure* coulé en rade de Papeete par les croiseurs allemands *Scharnhorst* et *Gneisenau*, le 22 septembre 1914.

Phot. Bopp.

LA DÉFENSE DE PAPEETE

1. Le pavillon français qui flottait sur la *Zélée* au moment où elle a coulé.
2. Les réserves à l'exercice, aux environs de Papeete.
3. Vue du quartier commerçant de Papeete, après le bombardement.

LA DÉFENSE DE PAPEETE

Maurice Destremau, lieutenant de vaisseau breveté,
commandant la *Zélée* à Tahiti,
mort à l'hôpital maritime de Toulon, le 7 mars 1915.

ce danger, dans la mesure des moyens dont il disposait. A la date du 9 août, il avait nommé le lieutenant de vaisseau Destremau au commandement des troupes à terre ; il avait fait désarmer la *Zélée,* dont les hommes et le matériel avaient été débarqués; les canons de la *Zélée* avaient été montés sur des automobiles, pour pouvoir les transporter où les besoins de la défense l'exigeraient. Le gouverneur avait décrété la mobilisation des classes 1904 à 1913 de la commune de Papeete et des districts voisins; il avait équipé un détachement d'infanterie coloniale, que le gouverneur de Nouméa lui avait expédié au mois de juillet. Ces troupes ne représentaient que quelques centaines d'hommes; mais bien commandées, elles pouvaient mettre Papeete à l'abri d'une insulte. Le commandant d'armes Destremau avait toutes les qualités voulues pour imprimer à la défense la vigueur que les circonstances allaient bientôt réclamer.

Pour plus de précautions, l'ordre avait été donné de détruire les alignements qui signalaient l'accès de la passe au milieu des bancs de coraux, d'éteindre les feux du port, d'éteindre le phare de la pointe Vénus. On pourrait croire que ce nom de Vénus a un rapport avec les habitantes de la Nouvelle-Cythère; il n'en est rien, l'astronomie seule est en cause. La pointe Vénus, qui est la plus septentrionale de l'île, un peu à l'est de Papeete, est l'endroit où Cook s'était installé, en 1769, pour observer le passage de la planète sur le soleil. Par mesure de sage prudence, les Allemands qui se trouvaient disséminés dans l'archipel de la Société avaient été parqués sur l'îlot de Motuiti, dans un camp de concentration. C'est ainsi que Papeete se trouva en quelques jours sous les armes, prêt à faire face au danger.

En prenant toutes ces dispositions, le gouverneur Fawtier a su faire preuve d'autant d'initiative que de sagesse. Sans communication avec Nouméa, n'ayant pour le rattacher au dehors ni un câble sous-marin ni un poste de télégraphie sans fil, il avait de lui-même, d'accord avec un commandant énergique, organisé toute la défense. Faut-il dire qu'une partie de la population civile désapprouvait ces préparatifs militaires? Au dire de ces gens très prudents, Papeete était une ville ouverte; depuis 1906, il n'y avait plus d'autre garnison que des forces de police; préparer une résistance à main armée, n'était-ce pas réserver à la colonie les pires malheurs? Fort heureusement, M. Fawtier et le commandant Destremau persévérèrent dans leurs préparatifs militaires. Ils étaient sous les armes; ils attendaient ainsi l'ennemi.

Leur attente ne fut pas longue. Le 22 septembre, vers six heures du matin, quand la mer était grosse et le temps pluvieux, le sémaphore de Papeete signala l'approche de deux grands croiseurs, qui naviguaient sans pavillon, et que suivaient deux autres bâtiments à vapeur; ceux-ci étaient des charbonniers. Les batteries de la côte tirèrent des coups de canon à blanc et deux coups à obus, à titre de semonce; alors les croiseurs daignèrent montrer leurs couleurs, ils arborèrent le pavillon de guerre allemand. On vit que c'étaient le *Scharnhorst* et le *Gneisenau*, les croiseurs jumeaux qui portaient les noms des deux réorganisateurs de l'armée prussienne après Iéna; ce n'étaient certes pas des adversaires méprisables. Construits en 1906, longs de 137 mètres, ils déplaçaient 11 500 tonnes et ils avaient une vitesse de 24 nœuds. Le *Scharnhorst* tenait le record du tir dans la marine allemande. En arrivant dans les eaux de Papeete, il battait pavillon du contre-amiral comte von Spee.

Dès qu'ils furent signalés, les croiseurs allemands ouvrirent le feu sur les batteries de la côte avec leurs pièces de 220. La portée des canons français était insuffisante pour répondre à cette attaque d'une manière efficace; mais il n'y eut pas chez les défenseurs un instant d'hésitation. Tandis que la population civile avait quitté Papeete aux premières volées des Allemands et qu'elle s'était réfugiée à l'intérieur des terres, d'où elle devait se refuser à sortir encore plusieurs jours après, tous ceux qui étaient chargés de la défense, marins, fantassins, réservistes, montrèrent la plus fière contenance. Le gouverneur avait fait préparer dans le parc aux charbons des foyers incendiaires; il y fit mettre le feu tout de suite; c'était le meilleur moyen de convaincre l'ennemi, qui vit une grosse fumée s'élever de terre, qu'il ne trouverait que des cendres dans le trésor qu'il convoitait.

Cependant le feu des deux croiseurs dura pendant trois heures avec une grande violence. A peu près tout Papeete fut couvert de mitraille; le feu se mit au quartier du commerce et sur la place du Marché; bien des immeubles furent éventrés par les projectiles; les maisons voisines du port eurent surtout beaucoup à souffrir. La *Zélée,* qui était dans le port toute désarmée, comme une cible inerte, fut atteinte par les obus et fut coulée. A côté d'elle se trouvait un cargo-boat allemand, *Walkure,* qu'elle avait capturé quelques jours plus tôt; il fut atteint à la ligne de flottaison par les projectiles des croiseurs, et il eut le même sort que la *Zélée*.

Malgré tous ces dommages, il fut bientôt acquis que le *Scharnhorst* et le *Gneisenau* se borneraient à démolir et à incendier. Les commandants allemands avaient eu l'idée de mettre à terre les compagnies de débarquement; on pouvait, en effet, apercevoir les feux allumés à bord des chaloupes à vapeur qui étaient suspendues aux porte-manteaux. Mais, pour cela, il fallait d'abord pénétrer dans la passe. Faute de trouver les alignements et par crainte d'un échouage, les deux croiseurs se bornèrent à canonner à distance. Au bout de trois heures et demie de bombardement, ils estimèrent sans doute qu'ils ne pouvaient obtenir un meilleur résultat. L'accès de la terre était très périlleux; à Papeete, malgré les incendies, aucun signe de défaillance ne se manifestait; le pavillon français continuait à flotter fièrement dans la cour du gouvernement, on ne voyait apparaître aucune chaloupe parlementaire. Chacun était resté ferme à son poste; la petite troupe du commandant Destremau partageait la mâle assurance de son chef. Vers midi, les croiseurs cessèrent le feu et ils firent route vers le nord; bientôt, ils eurent complètement disparu à l'horizon.

Le gouverneur de Papeete se hâta de faire remettre les batteries en état; il fallait prévoir, en effet, le retour de l'ennemi. Mais ni ce jour-là, ni le lendemain, ni jamais, on ne le vit réapparaître.

Le bombardement avait causé la mort de deux indigènes et d'un Chinois; il avait fait quelques blessés; les personnes n'avaient pas souffert davantage. Quant aux dégâts matériels à l'intérieur de Papeete, ils étaient considérables : ils représentaient environ 2 700 000 francs. Par un hasard singulier, les maisons des Allemands établis à Papeete étaient les seules à n'avoir pas souffert du bombardement. Faut-il supposer que les pointeurs du *Scharnhorst* et du *Gneisenau* en connaissaient exactement la place?

Telle est cette journée papeetienne du 22 septembre 1914, qui comptera dans les fastes de Tahiti. Elle est toute à l'honneur de la poignée de Français qui, sous les ordres d'un gouverneur prévoyant et d'un commandant énergique, résolus à faire tout leur devoir jusqu'au bout, surent imposer le respect du drapeau à un ennemi très supérieur en forces. L'incendie du parc de charbons et l'attitude des soldats et des marins du commandant Destremau firent comprendre aux croiseurs allemands qu'ils n'avaient rien à gagner et vraisemblablement pas mal à perdre, en prenant contact avec Papeete ; il leur fallut donc renoncer à cette base navale, et ils partirent pour d'autres aventures.

***

On apprit quelques jours plus tard à Papeete que le *Scharnhorst* et le *Gneisenau* s'étaient présentés la veille, le 21 septembre, à l'île de Borabora, qui fait partie des îles sous le Vent, dans le groupe occidental de l'archipel de la Société ; ils avaient maquillé leurs noms et ils ne portaient aucun pavillon. Des détachements étaient descendus à terre ; ils avaient acheté quelques bœufs et ils les avaient payés en or anglais. Le gendarme français qui habite à Borabora et qui représente à lui seul toute la garnison et toute l'administration de l'île n'avait point été molesté. L'amiral allemand lui avait dit en partant qu'il allait à Papeete pour faire du charbon et des vivres. « Si je suis attaqué, avait-il ajouté, je démolirai les forts. » Il n'avait point été attaqué, il n'avait pas démoli les forts, il avait trouvé une résistance vigoureuse, et il n'avait fait ni charbon ni vivres.

Après le coup manqué de Papeete, les deux croiseurs étaient passés à notre colonie des Marquises. Des marins étaient encore descendus à terre ; cette fois, ils avaient dévalisé les caisses de l'administration ; ils avaient pris aussi 85 000 francs de marchandises dans les magasins d'une maison allemande. Comme les loups ne se mangent pas entre eux, il avait été stipulé que ces 85 000 francs étaient remboursables à Hambourg.

On connaît la fin des deux écumeurs du Pacifique.

Ils avaient rejoint trois autres croiseurs allemands, *Nürnberg*, *Leipzig*, *Dresden*, quand ils furent découverts, tous les cinq, dans les eaux de l'archipel Falkland, le 8 décembre au matin, par l'escadre anglaise de l'amiral Sturdee. Au bout de trois heures de canonnade, le *Scharnhorst* coula; deux heures plus tard, le *Gneisenau* eut le même sort.

Cette nouvelle causa en Angleterre et en France un grand enthousiasme. Papeete aussi fut dans la joie. La colonie, qui avait reçu deux mois et demi plus tôt la visite de ces hôtes indésirables, apprit avec des sentiments faciles à deviner que le *Scharnhorst* et le *Gneisenau* gisaient à plusieurs centaines de mètres de fond par le travers des îles Falkland.

Le gouverneur des Établissements français de l'Océanie avait demandé au ministre des Colonies que la rosette d'officier de la Légion d'honneur récompensât les services exceptionnels que le commandant Destremau avait rendus dans la préparation de la défense et au cours de la matinée dramatique du 22 septembre. Le commandant est mort avant qu'une réponse ait été faite à cette proposition; cependant, suivant le mot d'un officier général, « il s'était mis hors pair et il laisse le souvenir du plus grand mérite ». Le court récit qui vient d'être fait et que nous déposons sur une tombe si brusquement ouverte sera peut-être pour la mémoire du dernier commandant de la *Zélée* comme un hommage et une satisfaction posthumes.

Avril 1915.

PARIS

TYPOGRAPHIE PLON-NOURRIT ET Cie

Rue Garancière, 8

www.ingramcontent.com/pod-product-compliance
Lightning Source LLC
LaVergne TN
LVHW020500230826
846091LV00008BA/3295

9782013627801